AF232233

ASILE

PETITS ORPHELINS DE MÉNILMONTANT

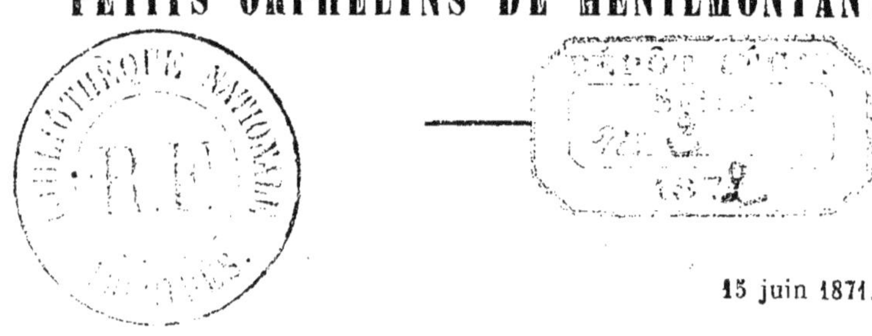

15 juin 1871.

Le matin du jour où commença cette révolution qui fit couler tant de sang, les abords de notre maison furent envahis par les gardes nationaux ; on ne pouvait avancer ; un de nos orphelins dut aller seul à sa dernière demeure. La foule des gardes nationaux et de la troupe désarmée était telle, que le concierge ne put suivre au cimetière ce pauvre enfant, le dixième que nous perdions en deux mois, après les souffrances du premier siége. Un remboursement au Crédit foncier enregistré la veille devait s'effectuer ce jour-là ; ma Sœur ne savait comment s'y prendre pour porter cet argent au Crédit foncier. Reléguée dans son quartier envahi, elle ne pouvait en sortir. Enfin, une bonne demoiselle arrive pour savoir des nouvelles de sa sœur ; elle veut bien se joindre à celle qui portait les obligations, et les voilà descendant au milieu des barricades qui se faisaient avec une incroyable rapidité. Arrivées au bas de la chaussée, les voyageuses furent croisées par un sabre qui les empêcha de passer.—Par où faut-il aller ?—demanda la Sœur, inquiète du trésor qu'elle portait. — Allez au diable, si vous voulez, cria l'homme au sabre nu. — Nous irons plutôt à Dieu, repartit sa compagne, et toutes trois se frayèrent un chemin comme elles purent. Elles arrivèrent encore à temps, et le paiement fut fait. Le soir, les valeurs déposées au Crédit étaient mises en sûreté. Nos deux Sœurs durent faire une partie du chemin à pied pour regagner la maison devant laquelle les barricades n'avaient fait qu'augmenter pendant leur absence.

Le soir commencèrent les perquisitions, dont la dernière devait être suivie du renvoi des Sœurs, d'abord, avec des dehors convenables, sous prétexte de chercher des sergents de ville, des armes cachées, etc., etc. Le 18 mars au soir, quelques coups de fusil ayant été tirés dans la chaussée, notre maison fut désignée comme l'endroit d'où étaient partis les coups. Nous fûmes donc cernées la nuit par deux mille hommes, qui avaient à leur disposition trois pièces de canon. Un des hommes du bataillon vint le matin avertir officieusement une Sœur qu'il connaissait, de ne pas laisser entrer de sergents de ville. C'est alors qu'il dit ce qui s'était passé la nuit précédente, et, d'après lui, à une fenêtre ouverte, on aurait répondu par un coup de canon. Il faut dire, pour faire connaître la protection de Dieu jusque dans les plus petites choses, que la nuit qui avait précédé cette visite nocturne, une Sœur, inquiète de l'odeur de fumée répandue dans l'établissement, avait ouvert une fenêtre à une heure du matin, afin de voir d'où provenait la fumée ; le lendemain, si pareille chose s'était renouvelée, la maison aurait été bombardée. Trois jours après, un pauvre enfant, malade depuis six mois, se préparait à faire sa première communion ; il eut ce bonheur. M. l'Aumônier, deux Sœurs, deux servantes, avec les cierges allumés, montèrent l'escalier qui aboutit à l'infirmerie, et, pendant la cérémonie, la clarté des cierges se réfléchit sur les vitres ; alors, l'attention de la sentinelle chargée de lorgner la maison du matin au soir étant vivement surexcitée, on vint nous dire qu'une perquisition allait être faite, qu'on avait vu des fusils briller au soleil, et aperçu les pompons rouges des soldats. Cette perquisition prit dès-lors un caractère menaçant : on avait vu les coupables, il fallait les trouver. Des marques sur le mur, vestiges d'escapades de gamins, furent examinées par huit ou dix hommes, les uns après les autres. Les caves furent scrupuleusement visitées, et nous dûmes supporter tous ces ennuis sans nous plaindre, car la moindre des choses eût pu nous mettre dans de grands embarras. Plus tard nous dûmes faire grande attention à ceux qui venaient nous rendre visite ; nous étions accusés d'avoir des relations avec les Versaillais.

Le jeudi de Pâques, 13 avril, la Très-Sainte-Vierge nous protégea d'une façon miraculeuse. A 5 heures du matin, des coups redoublés, frappés à la porte, donnaient à peine à celle de nos Sœurs chargée d'ouvrir le temps de le faire. Quinze hommes, le fusil sur l'épaule, et deux délégués, dont un commissaire de la Commune, se précipitaient, en courant, vers la maison, escaladant tout ce qui pouvait ralentir leur marche, depuis la porte extérieure jusqu'à celle de la maison ; des factionnaires étaient mis aux portes intérieures et au bas de l'escalier principal, afin d'empêcher les Sœurs de monter dans leurs offices. Le commissaire en uniforme, c'est-à-dire avec une écharpe rouge et un chapeau de garibaldien, lut alors un mandat qui le chargeait de prendre tout l'or et l'argent qui se trouvait dans l'établissement. Ils entrèrent ensuite avec grand bruit dans la Chapelle. Le commissaire, afin de se jeter plus vite sur sa proie, enjambe la table de Communion ; le voilà devant le *Tabernacle*. Ma Sœur lui dit, avec toute l'ardeur de son âme : — Ce qui est là est sacré ; je vous en prie, n'y touchez pas. — Il frappe toujours, disant : — Ouvrez donc ! ouvrez donc ! — Alors une de nos Sœurs, agenouillée sur la marche de l'autel, se levant, lui prend le bras et lui dit : — Je vous en conjure, n'y touchez pas. — Cet homme, se retournant avec mépris, lui dit : — Mais, ma Sœur, ne vous inquiétez pas, je n'en veux qu'à l'argent. — Là-dessus le Tabernacle s'ouvre : Notre-Seigneur dans le Ciboire, déposé dans un corporal, est mis sous les yeux de ce lion, qui devient doux comme un agneau à ce spectacle. — Fermez, fermez, dit-il, répétant trois fois la même chose. — Cette porte ne se fermait pas assez vite à son gré. Il regarda ensuite derrière l'autel : le calice qui devait servir pour la Messe y était, caché dans une petite armoire. Il chercha, avec la pointe de l'épée dont il avait frappé le Tabernacle, croyant qu'il y avait un double fond, et courut à toutes jambes vers la porte de la Chapelle. Il ne se trouvait pas assez tôt dehors. Il faut ajouter, pour la gloire de Dieu, que la pauvre Sœur de la Sacristie fut si troublée, quand on lui dit que les gardes nationaux étaient là, qu'elle s'en allait vers la porte de la Chapelle, tenant les vases sacrés comme à une procession, et, sans une jeune Sœur qui était restée là pour prier et qui l'avertit de la présence des gardes nationaux à la porte, elle était arrêtée dans sa course avec son trésor. La grande porte à deux battants de la Sacristie attenant au Sanctuaire ne fut pas ouverte ; ils passèrent et repassèrent devant sans la voir ; ils étaient cependant huit ou dix, et chacun croyait remplir un devoir en annonçant une nouvelle découverte : là, l'Ostensoir était sur le meuble depuis le Salut de la veille. Ils visitèrent ensuite la maison de bas en haut, et toutes les armoires et portes furent ouvertes, les plus insignifiants paquets sortis de leur enveloppe. Enfin, il semblait que leur mission fût terminée ; cependant ils cherchaient et recherchaient encore dans un appartement servant de magasin. Le commissaire répétait toujours : — Il doit y avoir des valeurs dans cette maison. — Une de nos Sœurs lui dit : — En fait de valeurs, nous n'avons que les enfants. — Oh ! reprit-il, croyez-vous

que je n'aie pas les miens? avec quoi vais-je les nourrir?
Mais ça ne fait rien, nous partagerons. — Cet homme tint
parole, et, jusqu'à la veille de notre départ, il nous apporta
des provisions confisquées.

On descendait, on était dans la cour, on faisait déjà re-
prendre à la troupe le chemin de la porte, lorsque notre
commissaire se prenant le front : — Mais vous avez un bureau? dit-il. — Le bureau de bienfaisance? répondit une
Sœur. — Non, non, reprit-il, le bureau de la Supérieure? —
La chose était positive, on se dirigea donc du côté du cabinet de ma Sœur : le moment était critique. Les livres de
compte avaient été jetés dans un cabas par terre, et le bureau de ma Sœur contenait l'unique et modeste magot de la
maison. Les voilà en face du bureau, dans une chambre
étroite, où tous ne pouvaient entrer. Il fallut leur ouvrir les
volets pour y voir plus clair, et en ce moment Notre-Dame-
de-la-Salette, priée chaque jour, fut invoquée avec plus de
confiance et de ferveur que jamais. Cette bonne Mère nous
fit le miracle demandé ; le chercheur du bureau ne le vit pas.
Il regarda en l'air, demandant les livres ; on lui présenta le
brouillard des pensions. — Vous n'avez que cela? dit-il,
et toujours regardant en l'air : — Eh bien ! partons. — La
troupe sortit et la porte se referma sur leurs pas. La Messe
fut entendue avec actions de grâces. La Sœur de la Sacristie
était si heureuse d'avoir encore les vases sacrés, qu'elle voulait qu'on jouât de l'orgue, afin de faire éclater sa joie ;
mais on crut prudent de ne pas faire tant de bruit.

A la nouvelle de la prise de possession de la maison voisine de nos Sœurs par la Commune, ma Sœur mit en sûreté
les papiers et livres de la communauté et nos valeurs, et fit
partir, à 10 heures et demie du soir, le portrait de notre Très-
Honoré Père, et le peu de linge qu'on pouvait porter. Ce
convoi était fait par une pluie battante. Au milieu de la rue
Puébla, un garde national croisa la troupe en disant — Je

sais bien d'où vous venez; si je voulais, je vous arrêterais.
vous venez de l'Orphelinat. — La pauvre dame qui faisait
mettre tout ce dépôt chez elle eut le courage de marcher
quand même, et ces objets précieux furent sauvés.

Le lendemain, dimanche 23 avril, l'horloge venait de son-
ner 4 heures : c'était le jour anniversaire de la translation
des reliques de notre Bienheureux Père. Quel jour, mon
Dieu ! A la porte ouverte avec fracas se présentent et en-
trent comme un seul homme une vingtaine de gardes nationaux ; huit délégués de la Commune se dirigent vers le corps
principal du bâtiment. Un d'eux lit le mandat qui ordonne
de remplacer les Congréganistes par des laïques et de dres-
ser un inventaire. Les scellés sont immédiatement posés sur
le cabinet de ma Sœur, puis dans le parloir, sur toutes les
parties de la Chapelle; heureusement les saintes espèces
avaient été consommées le matin. Là, les statues de la Sainte-
Vierge et de nos saints de prédilection, un chemin de Croix
de toute beauté, etc., tout devait tomber sous les coups de
l'impiété ; nos pauvres enfants devaient être les instruments
forcés de ces sacriléges. Les Fédérés montent ensuite dans
tous les endroits de la maison, ordonnant que toutes les
clefs soient sur les portes; ils s'érigent absolument en maîtres. Vous les eussiez vus fouiller toutes les armoires de nos
Sœurs, lisant les lettres qu'ils trouvaient, et, pour mieux
s'assurer que rien ne leur échappait, essayant de faire rouler les lits fixés au parquet. Au grenier, un vieux registre
déchiré fut trouvé; le chef, s'adressant à la Sœur qui les
conduisait, lui dit : — On ne déchire pas les livres sans
cause, vous aurez à en rendre compte. — Le procès-verbal
en fut fait et porté à la mairie. La pauvre Sœur, ne voulant
pas montrer les livres véritables qui auraient pu compro-
mettre et la communauté et les bienfaiteurs de la Maison,
était dans une angoisse que ceux-là seuls qui y ont passé
peuvent comprendre. De là on se dirigea vers la cuisine.

Un des délégués, s'adressant à son voisin, lui dit : — Là, nous ferons tant de rations, en lui montrant les marmites; puis : — Combien de repas font les enfants? — Quatre, lui fut-il répondu. — Oh! avec nous, ils mangeront toutes les fois qu'ils auront faim. — Ils allèrent ensuite aux classes et à l'asile externe. Un de ceux qui s'affichait comme le plus impie prit la parole : — Voilà des travaux commencés avant notre arrivée dans la maison. Les ouvriers... — Les ouvriers n'y perdront pas, reprit la Sœur, plus tard.— A ce moment, il comprit que dans sa simplicité la bonne fille comptait revenir sur les ruines de la Commune, et, prenant une voix de tonnerre, il dit : — Tous les républicains sont condamnés à mort, mais vous brûlerez avec nous; vous en êtes la cause, vous êtes des Trochu ; nous ferons brûler Paris, vous serez chassées de votre maison, mais vous ne sortirez pas de Paris.—Voyant que nos Sœurs présentes étaient peu sensibles à ses menaces, il continua : — Vous avez des espérances que nous ne partageons pas ; — puis suivirent les absurdités les plus grandes contre la Religion. Une de nos Sœurs, s'apercevant bien qu'il ne fallait pas penser à persuader ces diables, lui dit : — Nous ne sommes pas ici pour faire des discussions religieuses, ni politiques;—et chacun continua sa route. La maison du bureau de bienfaisance eut aussi sa visite, et pendant ce temps que d'injures, de sarcasmes, etc.! En passant devant une image de saint Vincent, un d'eux s'écria : — Ah! voilà Vincent! Ç'aurait été un brave homme si ce n'étaient ses opinions. — Puis, à une de nos Sœurs qui les remettait à leur place : — Madame, nous sommes les plus forts; nous avons le droit de vous fusiller, nous ne le faisons pas; au moins ne nous dites rien.

A huit heures du soir, ils installèrent un poste, et placèrent des factionnaires de tous côtés. Les scellés étaient posés sur toutes les portes extérieures, et la pluie qui tomba pendant la nuit aurait pu facilement déchirer le papier mince avec lequel ils étaient faits, ce qui ne les empêcha pas de dire en sortant : — Prenez garde, car, si les scellés étaient rompus, il vous arriverait malheur. — C'est bien miraculeux que les petits garçons, dans leur effervescence, n'aient pas été couper les papiers qui les emprisonnaient. Nous passâmes la nuit dans une cruelle anxiété. Les portes étaient ouvertes, et chacun, excepté les personnes amies ou connaissant la maison, avait le droit d'y entrer.

Ne pouvant rien faire passer dehors, nos Sœurs restèrent toute là nuit occupées à cacher les objets de quelque valeur entre des parquets, au haut de la maison ; mais les enfants s'étaient dit entre eux : — Nous connaissons les cachettes des Sœurs. — Il fallut de nouveau remplir les armoires.

Nous avions un autre sujet de vive inquiétude ; les vases sacrés étaient chez une dame voisine ; nous apprîmes que les enfants externes avaient dit : — Les vases sacrés sont chez madame André. — Voilà donc cette bonne famille compromise, et nous étions cernées par les gardes nationaux qui avaient ordre de ne nous laisser communiquer avec personne. Il était cinq heures et demie du matin, que faire ? Cette dame seule pouvait nous garder notre trésor ; nous ne connaissions personne à qui le confier dans ce malheureux quartier.

Enfin, une idée du Ciel vint à une de nos Sœurs : pourquoi ne pas donner nos vases sacrés en paiement des deux mois de pain que nous devons ? Ils seraient à l'abri, et ne compromettraient personne. Ma Sœur-Supérieure appelle la Sœur chargée de la visite des pauvres, qui, grâce à quelques bouteilles de vin données aux gardiens, avait obtenu la permission de sortir pour visiter ses malades. — C'est à vous d'effectuer mon projet, lui dit ma Sœur ; allez, on priera pour vous. — Elle sort donc, et la première personne qui se trouve devant elle, c'est la dame en question. Quelques mots furent échangés à la hâte. La bonne Sœur revint avec son pain de deux livres, qui était le prétexte de la sortie, et le reçu des vases sacrés comme paiement du pain. Elle pleurait de joie, disant : — Si je n'avais pas la foi en l'obéissance, cela me la donnerait. En effet, quel miracle à cette heure matinale d'être justement accostée par cette dame qui l'attendait sur le seuil de sa porte, comme si on lui avait dit : — Sœur Maria veut vous parler !

A 9 heures, les délégués parurent, accompagnés de deux femmes ; nous pensions que c'étaient nos remplaçantes qui arrivaient. — Pas encore. — Un souterrain communiquant avec l'Église est dans votre maison, dit le chef ; voici une jeune fille qui y est descendue.

Cette petite effrontée soutenait qu'elle y avait été ; il fallut qu'un des délégués vidât lui même le charbon qui était dans la cave où elle assurait être l'issue. Ceci les tint tout le jour dans notre maison ; nous en profitâmes pour brûler ici et là tout ce que nous voulions soustraire à leurs recherches, et cela presque sous leurs yeux. Pendant que les chefs tenaient ma Sœur supérieure occupée, les autres étaient sur les pas des jeunes Sœurs, leur disant que si elles ne portaient pas ce costume, elles ne seraient pas ainsi tourmentées !... Pourquoi ne s'étaient-elles pas mariées ? etc.

Ils partirent le soir sans rien dire. Les enfants vinrent nous apprendre que le bruit courait dans le quartier que ce serait la nuit qu'on nous mettrait dehors. Nous avions entendu parler de neuf heures, on n'osait donc pas se coucher, de sorte qu'il fut décidé qu'après les prières, tout le monde resterait debout. A dix heures, voyant que les sentinelles étaient à leur poste, et que le mouvement était à l'église, où se tenait un club, on se coucha en disant : A demain !

Le lendemain, troisième jour de notre emprisonnement, les délégués amenèrent des maçons de leur bande. La maison dut être sondée en tous sens pour découvrir le soi-disant souterrain.

Le bon Dieu permit cette agonie prolongée pour nous donner le temps de mettre ordre à bien des choses, entre autres, à faire brûler des habits de généraux donnés par des bienfaiteurs, et des chapeaux tricornes qui servaient pour les récréations des jeunes gens. Si ceci avait été trouvé, il n'en fallait pas davantage pour être fusillé ; on aurait dit tout de suite que ce n'était ni plus ni moins que les habits des sergents de ville cachés dès le commencement de la révolution.

Le mercredi, quatrième jour, nous eûmes une lueur d'espoir : les dames du conseil vinrent nous dire que des démarches étaient faites à la Commune de Paris, que nous ne devions pas partir, que nous ne partirions pas.

Vain espoir ! les citoyennes, venues à deux heures, durent rester à la porte, sur un banc de pierre, puisque notre renvoi était entravé à la mairie. Pendant ce temps, il y avait rumeur à l'asile. Les tout petits enfants, s'approchant des gardes nationaux, leur disaient : — Si vous ne nous emmenez pas nos Sœurs, nous vous aimerons bien ; mais, si vous les emmenez, nous ne vous aimerons pas. — Un enfant de quatre ans vint tout fier trouver sa maîtresse, lui disant : — Ma Sœur, ne craignez rien, ils me l'ont promis, vous ne partirez pas. — Un autre, du même âge, pleurait, quand les Fédérés entrèrent dans la chapelle ; il disait à son petit camarade : — Ils vont faire du mal à nos Sœurs, et il se désolait. Son petit voisin lui répond naïvement : — Pleure pas, ils sont tous dans la chapelle, ils vont se confesser. — Ils étaient alors plus tranquilles et ne criaient plus si fort. Les orphelins des classes n'étaient pas si crédules. Ne voulant pas être conduits par des femmes, disaient-ils, ils cassaient les carreaux, jetaient les couvre-pieds par les fenêtres, couraient par toute la maison, arrachaient tous les radis du potager, disant qu'il fallait tout dévaliser, afin que les citoyennes ne jouissent pas des labeurs des Sœurs, etc.,

etc. Les petites filles étaient plus calmes; les pauvres enfants, comprenant davantage, pleuraient leurs maîtresses.
Enfin, à cinq heures, arrive un délégué; il donne ordre aux
femmes qui l'attendaient à la porte de le suivre. Ma Sœur
les arrête en disant : — J'ai à vous parler. Vous aurez
plus tard à vous repentir de cet acte. — Vous me refusez
alors, Madame? vous me refusez? — Mais non, dit une de
nos Sœurs; ma Sœur ne vous refuse pas, elle vous fait
comprendre ce que vous faites. — Je ne vous parle pas,
Madame, cria-t-il en lui coupant la parole. — Il nous
menaça de nous prendre avec une compagnie, si nous résis-
tions, prit le nom de ma Sœur, fit une espèce de note à
laquelle il ne comprenait rien lui-même, et il ajouta : —
— Après tout... cela est inutile. Vous n'avez qu'à sortir.
— Dans quel endroit nous retirer, puisque la maison nous
appartient? — Nulle part, vous n'avez qu'à partir. — Au
moins laissez-nous emporter les objets religieux. — Rien ne
fut écouté. Une de nos Sœurs, prenant la parole, lui dit : —
Je ne vous demande qu'une chose, c'est de nous laisser les
objets religieux. Pour ma part, ajouta-t-elle, je vous laisse
des choses d'une valeur intrinsèque beaucoup plus grande,
mais laissez-moi prendre les objets religieux. — Impossible.
Ils promirent cependant de les respecter, mais rien ne fut
tenu, et les sacriléges les plus abominables ont été faits
avec les ornements sacerdotaux. Il était six heures du soir,
il fallait faire son paquet. Le linge de corps et de costume
seul devait être emporté. Mais voilà que les citoyennes ne
veulent plus entrer, elles reculent; elle avaient examiné la
maison et ne se sentaient plus le courage de s'y installer; il
y eut dispute sur le perron. Le délégué revint alors trouver
ma Sœur avec un visage tout autre : —Vous pourrez passer
la nuit, demain nous verrons.

— Nous voilà donc encore pour la nuit dans cette maison, où nous pensions ne plus jamais nous retrouver.

Jusqu'à dix heures du soir, nous restâmes ensemble. Ma Sœur donna à chacune sa feuille de route ; il fut décidé qu'excepté trois de nos Sœurs, qui partirent pour le Nord, nous nous dirigerions sur Fontainebleau, chez la respectable Sœur Randier, dont la charité nous était connue, afin d'y porter ce que nous aurions pu sauver du pillage ; puis nous nous retirâmes au dortoir. Le lendemain matin, à neuf heures, les délégués tinrent parole. Ils amenèrent quinze femmes. Après avoir réitéré ses observations de la veille sans plus de fruit, ma Sœur remit ses clefs au chef des Fédérés. Les femmes étaient rangées dans la pièce qui servait de parloir, et nous dûmes traverser cette ligne de femmes pour remettre nos clefs. Quel quart d'heure ! il y avait six ans qu'à pareille semaine, ma Sœur posait la première pierre de cette maison, dont le diable en personne s'emparait. On emballa les paquets dans une charrette. Déjà les délégués auraient voulu nous voir loin, et par leurs regards ils semblaient dire que nos sacs bleus étaient trop remplis. Enfin on put partir, les modestes montures sont attelées et les paquets sont dehors. Ma Sœur Supérieure partit la dernière. Quand les regards des enfants ne la distinguèrent plus, il semblait, à leurs cris, que la maison s'écroulait. Ce ne furent que lamentations et plaintes déchirantes. Si le cœur des enfants était broyé, que dire de celui de la Mère ? Dieu seul en a eu le secret ; ce ne sont pas des choses qui puissent se raconter. La triste colonie se rejoignit à la gare de Lyon, où nous dûmes attendre trois heures. Arrivées à Fontainebleau, ma Sœur Randier nous reçut comme une mère. Cette bonne et respectable Sœur nous ouvrit sa maison toute grande. Plus tard elle nous aida à rentrer dans la nôtre. L'asile des Petits Orphelins peut dire, avec vérité, qu'elle doit être regardée comme une de ses plus dévouées bienfaitrices. Le lendemain, deux par deux, nos Sœurs cherchèrent refuge dans des maisons d'anciennes compagnes de l'asile ou dans celles qui ont bien voulu recueillir, sans autre titre que celui de Filles de la Charité, les pauvres exilées, et partout nos Sœurs ont été accueillies avec la charité puisée au cœur même de Notre-Seigneur.

Voilà donc la maison livrée à ces hommes, et nos pauvres enfants entre les mains de femmes qui ne méritent pas de porter ce nom. A peine étions-nous sur le seuil de la porte que les scellés furent rompus, les statues brisées; une employée honnête était restée, mais elle dut se sauver afin de ne pas être mise en prison. Notre chapelle fut transformée en loge de francs-maçons; les insignes de cette secte diabolique furent incrustées sur la façade de la maison, à la place du chiffre de N.-S. et des emblèmes de la charité. Notre harmonium servait pour accompagner *la Marseillaise*, et, après les séances, de comptoir, où le vin était servi à flots. Ces misérables brûlèrent la literie de M. l'aumônier, sa bibliothèque, disant que tout cela était *béni*. Quand il s'agit de casser la statue de saint Vincent, ils ne trouvèrent personne qui voulût se charger de cette mission. Ils allèrent chez le concierge, qui les renvoya d'une belle manière. Ils demandèrent les pompiers qui gardaient le poste : tout le monde refusa; ils durent le faire seuls et la nuit, car, lorsque le concierge se leva le matin, la statue de notre bienheureux Père n'y était plus.

Puis ils s'installèrent, hommes et femmes. Quels hommes! Quelles femmes! La plus grande marque de la protection de Dieu, c'est que les enfants, ayant vécu au milieu de cette dépravation, ne semblent même pas l'avoir soupçonnée. Un jeune homme, ancien élève de la maison, disait que ces gens, en passant, lui avaient inspiré le plus profond mépris. La statue de la Très-Sainte Vierge, placée en haut de la maison, dans une niche pratiquée dans le mur, haute de $1^m,75$, fut conservée comme par miracle. Un homme du quartier, qui est loin d'être dévot, fut chargé de déplacer cette statue et de la démolir. Pour cela on lui disait : — Jetez-la sur le perron ; — mais celui-ci répondit qu'en tombant elle casserait les marches ; il refusa, et la descendit doucement par une corde qui égratigna un peu le voile de notre bonne Mère. Il la demanda pour la mettre sur la tombe de sa femme (qui n'était pas morte), la cacha dans sa cave, et la garda ainsi jusqu'à notre retour. Il disait lui-même que, lorsqu'il emportait cette statue tout entière, si les femmes avaient pu le tenir elles l'auraient assassiné. C'est au bas de cette image que ma Sœur avait fait mettre : *Ils m'ont choisie pour leur gardienne.* La croix du clocher et celle de la porte extérieure ont été également sauvées.

Le 28 mai, l'artillerie de l'armée victorieuse s'installa dans l'asile, habité seulement par des blessés de la Commune qui étaient pêle-mêle dans le préau. Les dortoirs étaient remplis de ces pauvres gens ; la salle de communauté servait aux officiers. Les jardins et les cours étaient garnis de caissons de poudre, de fourgons, de chevaux ; les modestes arbres de la cour des orphelins durent être coupés pour faire place aux fourgons, de sorte que les pauvres enfants auront longtemps à souffrir des ardeurs du soleil. Les chevaux mangeaient les écorces de ceux qui restaient. Les barrières des différentes sections étaient entièrement dévastées ; ajoutez à cela le linge des blessés et du personnel enfoui dans la buanderie, dans de l'eau qui croupissait, vous aurez une faible idée de l'état de la maison à ce moment de pénible mémoire.

Mais voilà que le canon ne gronde plus, le passage est devenu libre, notre petit troupeau d'orphelins réfugié à Romainville reprend sa marche vers l'asile. Les pauvres enfants ne purent d'abord obtenir de rentrer dans leur maison ; il fallut un ordre du général Faron pour qu'ils fussent admis chez eux; ils furent parqués dans le *saut-de-loup*, avec défense expresse d'en sortir. La maison était entièrement pillée; les enfants, depuis quinze jours, ne couchaient plus dans des lits et n'avaient pas changé de linge. Ils accoururent d'abord tous au-devant des Sœurs, mais ensuite, petit à petit, ils s'éloignaient, car on leur en avait dit tant de mal qu'ils ne savaient pas s'ils devaient rire ou pleurer. On chercha à s'installer quelque part, mais impossible de trouver un endroit habitable; ce ne fut qu'au bout de huit jours que les orphelins purent coucher dans un lit blanc. Nous dûmes aller coucher et prendre nos repas chez de charitables voisines. Enfin, l'artillerie fut reléguée dans le pavillon, et nous pûmes rentrer chez nous. Il fallut chercher tout le matériel emporté au dehors, lits, etc. Trente-cinq fourgons de nos bons artilleurs furent remplis de nos meubles trouvés à la Mairie, des pièces d'étoffe entières, toute la garniture des chandeliers en bronze doré, etc. Notre autel a été retrouvé dans la basse-cour; ils l'avaient mis là afin de le vendre; notre Tabernacle était par terre, et toutes les pièces de l'autel avaient été démontées. Dès le deuxième jour de notre arrivée, la statue de notre Gardienne nous fut apportée dans une voiture à bras, enveloppée dans une toile. Trois hommes la montèrent dans notre chapelle. Quel bonheur de la revoir! mais Notre-Seigneur ne pouvait revenir encore prendre possession de son tabernacle. Nous n'avions pas de Prêtre pour nous dire la sainte Messe, pas même d'eau bénite, et nous étions dans une maison habitée, depuis notre départ, par les suppôts du diable. La Sainte Vierge semblait nous dire, au milieu de ce désordre sans nom : — Je ne vous abandonnerai pas; je ne vous laisserai pas seules.

Enfin, tout se remit peu à peu en ordre; à force de courir et de chercher à la Mairie et ailleurs, nous pûmes retrouver une bonne partie de notre mobilier, mais hélas!

dans quel état! — Voici que nos œuvres reprennent leur cours, et nos Dames, dans leur dévouement, s'efforcent de réparer les désastres par lesquels la Commune a marqué son passage.

RÉCIT D'UN ORPHELIN

DE

L'ASILE DE MÉNILMONTANT.

———

15 juin 1871.

Gardés par les gardes nationaux depuis plusieurs jours, nous étions dans l'attente de grands événements; les heures se succédaient dans une inquiétude si grande, que nous ne nous mettions guère au travail. Nous étions près de faire notre première communion; tout paraissait devoir s'y opposer; le démon triomphait. Le 27 avril, à neuf heures et demie, nous étions en classe, tristes et silencieux, lorsque nous entendîmes l'un de nos camarades qui criait : —Les voici! les voici! les citoyens et les citoyennes! En un instant, nos regards plongent dans la cour, et, à la vue de tous ces usurpateurs, nos têtes se montent, nous complotons, nous menaçons. — Calmez-vous, nous disait-on, cela ne sert à rien; — patience, Dieu y mettra la main; — mais, échauffés par la colère, les uns se sauvent par-dessus le mur, criant :—

Ah! on n'aura pas de première communion cette année, eh bien! adieu; d'autres se cachent, et, enfin, le reste se tient en classe dans l'attitude la plus menaçante. Qu'allait-il se passer? Un quart d'heure ne s'était pas écoulé que nous entendons rouler les paquets des Sœurs sur le carré, puis on charge le tout dans une voiture, et, enfin, notre maîtresse sort de la classe, puis revient en disant : — C'est fini, je pars, soyez raisonnables. — Notre bonne Mère entra, nous recommandant, pour la dernière fois, d'être fidèles à Dieu et de bien garder notre foi. — Nous ne pouvions répondre, nous étions frappés au cœur; suivant des yeux ce triste départ, nous attendions avec anxiété que quelqu'un apparût. Deux citoyens se présentent, et, après avoir jeté un coup d'œil sur nos personnes, ils s'éloignent sans nous rien dire. Profitant alors de ce moment, nous forçons les portes qui étaient fermées, et chacun prend ses ébats où il veut. — La liberté? disait-on, eh bien! prenons-la, cette liberté, jouissons-en. A bas les carreaux! les voilà en éclats. — Cependant, l'heure du dîner approchait, le ventre était creux, on se dit : — Allons au réfectoire. — Tout le monde s'y pousse pêle-mêle, aucun ne prend sa place; les uns sont servis quatre fois, d'autres pas du tout. La cohue était telle qu'il fallut promptement revenir au grand air; puis, on eut la gracieuseté de laver notre vaiselle, car on nous fit comprendre d'abord, qu'étant enfants de la Commune par adoption, nous étions les maîtres, et que, dorénavant, nous serions servis. L'heure de la classe était passée, on se décide à nous y faire entrer; il était deux heures, nous entrons en grand tapage. On se met à genoux et l'on commence la prière. — Que faites-vous? nous dit la citoyenne. — Ce que nous faisons? nous prions comme d'habitude. — Je ne le veux pas, on ne prie plus. — Bien. — Je vous salue, Marie pleine de grâces. — Asseyez-vous, vous dis-je. — On s'assied; les uns rient, d'autres prient encore; la maîtresse n'y tient plus : — Vos noms? — Les voilà. — Ce n'était plus la même liste, nous l'avions changée; nous lui avions substitué une liste de sobriquets épouvantables, qui exaspérèrent notre pauvre citoyenne. Elle se mit à visiter nos cahiers pour passer le temps, puis nous fit sortir au bout d'une heure. — A souper, un des principaux chefs vint nous voir, nous apporta du vin; on nous brouilla la tête, puis on nous fit crier : — Vive la Commune! — Ceux qui étaient cachés sortirent de leur retraite pour prendre part au repas. Nous eûmes la récréation jusqu'à huit heures. L'on monta se coucher, les uns après les autres, en chantant, car nous mettions exactement en pratique la belle règle qu'ils nous ordonnaient de suivre : — Liberté, Égalité, Fraternité; faites tout ce que vous voudrez. — Le lendemain on se réveilla au cri de : vive la Commune! et à neuf heures et demie on nous mit en classe jusqu'à dix heures. Vinrent ensuite les chefs, qui, ayant mission de briser tout objet religieux, s'empressèrent d'exécuter cette infâme résolution. On ouvre l'armoire de la classe; grand nombre de bons livres s'y trouvaient; tout fut jeté à terre, tous les coins et recoins furent visités, les cases, nos poches, etc. Nous nous défendions en enragés, car chacun de nous avait son livre de prières sur soi, et on nous força de les déchirer devant eux. Nous disions tout haut : — En voilà une drôle de liberté! — on veut donc tout nous ôter? — Voilà que le sous-directeur, guère doux de sa nature, commence par nous envoyer des coups de pieds à chacune de nos répliques, ce qui nous fit murmurer bien autrement; ensuite ils firent un bon feu des livres, cahiers, couvertures, etc.., disant que nous aurions de meilleurs livres que tout cela, que notre éducation serait soignée, car on ferait de nous de bons citoyens, connaissant les droits de l'homme libre; que, d'ici un an, le monde entier reviendrait de son fanatisme, et que la République serait universelle. Et aussitôt on fit afficher les droits de l'homme sur le mur. Pour nous venger, nous commençâmes par bien nous amuser en classe ; d'un bout à l'autre, nous nous jetions des bouts de bois ; les bobines cassaient bien un peu les carreaux, que nous importait ? la Commune était assez riche pour les faire remettre. A la sortie, nous nous rendîmes aussi dans les caves, qui étaient ouvertes, et on emportait ce que l'on voulait. Le vestiaire était ouvert : quand un de nous voulait faire un tour de promenade, il allait, bonnement, chercher des habits à sa façon, et s'en allait à Paris. — On eut l'attention de nous donner de bons camarades ; les uns sortaient de la Roquette ; d'autres, de quatorze à quinze ans, adeptes de la secte des francs-maçons, cherchaient à nous en inculquer les principes, nous dénonçant lorsque nous cachions quelque chose de religieux, nous arrachant les médailles que nous portions. Nous essayâmes d'enterrer N.-D. de la Salette, mais un de ces suppôts la découvrit, et elle fut brisée. N.-D. des Victoires, que nous avions reléguée au grenier, fut mutilée ; on nous obligea, sous peine de pénitence, à casser, de nos propres mains, les Christs de notre office et les statues. — L'infirmière égalait ces hommes en cruauté : deux de nos camarades se trouvant malades, elle s'acharna auprès d'eux pour leur faire rendre leurs médailles, brisa leurs petites statues, le portrait d'une Dame de l'Œuvre. — Un autre avait écrit dans un endroit : — *Dieu d'amour, règne dans ce berceau.* L'infirmière en avertit le délégué qui l'interrogea, lui demandant ce que c'était que Dieu ? — A quoi il répondit : — Dieu est un pur esprit créateur du ciel et de la terre. — Mais qui est-ce qui a fait ce Dieu ? — Il a toujours existé. — Et comment cela ? — C'est un article de foi, et je le crois quoique je ne le comprenne pas, c'est un mystère. — Là-dessus, il leva la main, et le frappa en disant : — En voilà des gueules de singe : comme les mobiles à Trochu ! — D'autres fois, notre maître s'absentait en nous laissant en classe, sous la surveillance d'un autre. Il n'était pas sitôt parti que, le surveillant en tête, nous faisions la récréation dehors ; et, quand on pouvait s'esquiver à l'horloge pour l'abîmer, nous étions contents. La seule chose que nous craignions, était la poursuite du sous-directeur qui ne ménageait pas la correction. — Nous avions fait un beau fort pour nous amuser ; voilà que ces citoyens le détruisent. — Nous prenons notre revanche et détruisons tous nos petits jardins qui embellissaient bien notre cour. — Le sous-directeur, voyant tant d'audace, nous fit mettre au lit. — Pensez, quinze ensemble, c'était drôle ; — aussi nous en fîmes de belles dans nos lits toute une demi-journée.

C'est ainsi que les jours s'écoulaient dans de continuelles guerres. Notre citoyenne était partie ; elle fut remplacée par un citoyen que nous nommions le vieux lapin blanc et qui donnait force coups de bâton. Dieu était à jamais oublié, son nom était profané partout ; si nous allions à la chapelle, c'était pour y chanter *la Marseillaise*. Les réunions des francs-maçons étaient fréquentes ; nous n'y étions pas admis, c'était réservé pour plus tard. Le maire du quartier vint nous voir, nous promit des armes pour tirer aux fenêtres, quand Versailles entrerait ; nous commençâmes donc à apprendre la tactique militaire, afin de défendre la Commune au besoin.

Nous ne pouvons assez remercier Dieu d'avoir été délivrés de ces persécuteurs avant que leurs projets ne pussent se réaliser, car que serions-nous devenus ? à quels dangers n'étions-nous pas exposés ? Nos pauvres parents étaient bien malheureux de nous savoir entre les mains de ces citoyens, et ceux qui se hasardaient à venir nous réclamer étaient impitoyablement renvoyés. A d'autres, on faisait l'éloge de la maison pour les éblouir, leur disant que nous étions bien mieux qu'auparavant, car tout était pour nous. Afin de les mieux convaincre, on nous mettait en habits de fête tous les jours, on faisait des extravagances partout. — Les Sœurs, disaient-ils, ont fait des provisions pour elles; elles faisaient des repas de 40 à 50 francs, et les enfants mouraient de faim. — Ce qui nous faisait de la peine, c'était de voir que chacun de ces hommes se procurait ce qu'il voulait, emportant, soit des habits, soit du mobilier, soit de la nourriture; la maison se vidait insensiblement.

Nous avons oublié de dire plus haut que dans la maison se trouvaient plusieurs apprentis, nos anciens camarades, qui, n'ayant pas d'ouvrage depuis le siége, y étaient occupés. Ils se dépêchèrent de faire leurs paquets pour s'en aller en même temps que les Sœurs. Chargeant leurs effets sur une voiture d'enfants, ils franchissent le seuil de la porte hardiment; mais, arrivés à une centaine de pas, ils sont hélés, menacés de tous côtés; dans leur précipitation, la voiture verse, les effets roulent dans la boue, puis, les ayant rattrapés, ils rebroussent chemin et rentrent confus d'un tel désappointement, ce qui les obligea de rester comme nous.

Bientôt le bruit du canon se fait entendre d'une horrible manière; on s'agite de toutes parts, on est très-peu en classe. Les citoyens sont affairés, et cependant ils nous assurent que tout va pour le mieux. Pour ne pas nous inquiéter, ils disaient : — On les laisse entrer pour les cerner, ils seront pris comme des souris. — Le canon résonnait de plus en plus fort; le bruit de la mitraille était épouvantable; les femmes, alarmées, faisaient entendre des cris déchirants; alors nos gardiens nous disaient : — Chantez *la Marseillaise :* encouragez ces femmes; les Versaillais ont été roulés; le moment du triomphe approche. — On nous occupa ensuite à coller des bandes de papier aux fenêtres. Le canon augmentait toujours, il partait du boulevard; les boîtes à mitraille roulaient sur nos têtes; nous ne savions plus où nous mettre, tant ça chauffait. Enfin on nous met en rang pour partir pour Charonne; on se met en marche et l'on nous case dans des écoles qui appartenaient autrefois aux Sœurs de la Providence. Là, nous commençons par faire nos perquisitions comme nos maîtres; nous prenons ce que nous trouvons, des pots de pommade, des boîtes, des compas, etc., nous emplissons nos poches; nous étions dans la joie. Les omnibus avaient emporté les matelas, la vaisselle, tout ce qui était à notre usage. Après quatre jours de séjour, les obus vinrent nous y visiter, il fallut redéménager. On veut se rendre à Romainville; on envoie un parlementaire aux Prussiens, qui refusent le passage; alors un monsieur nous offrit ses caves, où nous restâmes trois jours sur la paille, entassés les uns sur les autres avec un petit bout de pain par jour.

La vie était dure; plusieurs de nos camarades se sauvent pour chercher à manger; le plus grand désordre régnait; les gardes nationaux fuyaient, jetant leurs armes et leurs uniformes dans les fortifications; une balle traverse la jambe d'un de nos fuyards; c'est égal, il continue sa route, il veut du pain, et ce n'est qu'à son retour qu'il s'aperçoit de sa blessure. L'état des choses empirait toujours, nous étions harassés de fatigue, et ce n'était pas sans bonheur que nous voyions arriver le terme de nos maux. Enfin on crie partout que Versailles est maître. Nous sortons de nos tanières, prenons la route de la porte de Vincennes et arrivons ainsi à Ménilmontant, après avoir couché une nuit dans les écoles de Charonne. Là nous revîmes les Sœurs, ce qui nous égaya un peu, et nous fit regarder nos maîtres avec dédain, car nous en avions assez; ils nous maltraitaient dans ces caves où nous n'étions plus surveillés par le Directeur qui, plus humain qu'eux, défendait de nous frapper.

Arrivés à la porte de notre maison, nos cœurs bondirent de joie; mais il fallut nous modérer : la maison entière était occupée par l'artillerie ; partout des chevaux, des canons, des munitions. Nous voulions bien un peu de tout cela ; nous ne faisions qu'en chiper où nous pouvions, et nous faisions de fameux quolibets. — Enfin on nous refuse l'entrée ; nous réclamons nos droits d'Orphelins de Ménilmontant. — Pas de place, dit-on. Allez à la Mairie, on vous dira où vous mettre. — Le cuisinier pestait : — Où voulez-vous que je fiche ces enfants ? sur mon dos ? — On se décide à aller à la Mairie ; deux d'entre nous partent avec le cuisinier. Là, on nous dit que nous pouvons occuper le préau pendant huit jours. — Bon, nous nous en allons ; mais un beau pistolet tente un de nos camarades qui l'emporte et le met dans son tablier. — Arrivés à la maison, on nous encage dans le préau tous ensemble ; la malpropreté y régnait, les matelas étaient ensanglantés ; tout respirait la guerre, la dévastation ; la maison était vide, il n'y avait plus rien, on avait tout gaspillé. — Enfin, notre camarade s'aperçoit que son pistolet est chargé, il le décharge, il y avait deux balles dedans. — Oh ! que de folies nous avons faites par manque de surveillance ! — Nous étions toujours à guetter la poudre et à en attraper ; les artilleurs ne pouvaient assez garder leurs munitions.

Deux jours se passent encore dans le même désordre, lorsque des Sœurs parurent, mais pas encore celles que nous attendions. — Enfin, après deux autres jours d'attente, notre bonne Mère arrive avec d'autres Sœurs : — nous étions sauvés ; — tout le restant de la Commune partit à son approche, et nous pûmes remercier le Ciel avec ferveur : les jours de paix allaient revenir. La chapelle, dépouillée de tout ce qu'elle avait de plus sacré, nous fut ouverte, non plus pour y entendre des chants profanes, mais bien la sainte Messe, sur un pauvre autel provisoire. Quelle émotion ! se retrouver en face d'un ministre du Seigneur, entendre les paroles de consolation qu'il nous apportait pour nous exciter au repentir et à l'amendement de toutes nos fautes passées!

Que le saint nom de Dieu soit béni!

Victor Pécron,
Agé de douze ans.

RÉCIT D'UNE ORPHELINE

DE

L'ASILE DE MÉNILMONTANT.

15 juin 1871.

La terreur s'était répandue dans toutes les communautés, car, à chaque instant, nous croyions que le moment marqué par la Providence pour nous séparer de nos bonnes Sœurs était arrivé. Mais l'heure n'était pas encore venue, le bon Dieu nous réservait pour les dernières de notre quartier. Nous vivions entre la crainte et l'espérance; nous nous disions: Peut-être la Sainte Vierge nous écoutera-t-elle et nous conservera-t-elle nos bonnes Sœurs. Mais la volonté du bon Dieu était qu'elles partissent comme les autres. Ce jour, que nous redoutions tant, arriva malheureusement. Ce fut le 23 avril que les gens de la Commune vinrent pour s'emparer de notre maison. Ils étaient déjà venus trois ou quatre fois faire des perquisitions chez nous, et ils ne s'en allaient jamais sans dire quelque gros mensonge. Une fois ils disaient

que nous avions des sergents de ville cachés dans notre maison ; une autre fois c'étaient des enfants qu'ils avaient trouvés
étouffés dans les lits, et mille choses semblables qui n'étaient
que d'absurdes inventions. Enfin, c'était le temps du châti-
ment ; nous avions péché, nous méritions d'être châtiés. Ils
entrèrent donc chez nous : les chefs mirent plusieurs hommes
pour faire faction à différents endroits, et ils s'occupèrent à
poser les scellés sur notre chapelle, sur le cabinet de notre
bonne Mère Supérieure, et en plusieurs autres endroits.
Nous autres, nous accablions de questions les factionnaires ;
nous leurs disions : « Est-ce que vous emmènerez les Sœurs ?
Oh ! vous nous laisserez partir avec elles ! » Et ils nous répon-
daient : « Mais non, nous ne sommes pas venus pour enlèver
les Sœurs, ne craignez pas, nous vous les laisserons. » Cela
ne nous consolait pas du tout, nous qui connaissions très-
bien le motif qui les amenait ; nous conjurions la sainte
Vierge de nous faire partir avec nos bonnes maîtresses, et,
si telle n'était pas la volonté du bon Dieu, au moins de nous
conserver notre innocence, de garder notre cœur pur. Vers
le soir, les chefs s'en allèrent, en laissant dans notre maison
un poste de gardes nationaux. Le lendemain, qui était le
lundi, ils revinrent et dirent à notre Mère qu'il y avait dans
la maison un souterrain qui conduisait de notre maison à
la paroisse ; une jeune fille, qui les accompagnait, affirmait
s'être promenée dedans l'année précédente avec une de ses
compagnes. Ils cherchèrent le souterrain, mais en vain, car
il n'y en avait pas. Ces hommes se retirèrent tout *capots*
de s'être ainsi laissés tromper par une jeune fille. Ils revinrent
le lendemain, amenant avec eux dix à quinze citoyennes
qui restèrent quelque temps là, et ensuite dirent que la res-
ponsabilité d'une telle maison était trop grande, qu'elles ne
pouvaient s'en charger. Les chefs prévinrent notre Mère
qu'ils reviendraient le lendemain, que les Sœurs pouvaient
faire leurs paquets. Ils furent fidèles à leur parole, et le

mardi, à neuf heures du matin, ils étaient là. Alors la désola-
tion éclata dans notre maison ; nous aurions bien voulu partir avec nos bonnes maîtresses, mais nous n'avons pas eu
cette consolation. A dix heures, nos Sœurs étaient parties.
Nous ne pouvions pas nous séparer d'elles ; toutes les mau-
vaises paroles qu'ils pouvaient nous dire n'étaient pas ca-
pables de nous faire quitter celles qui nous avaient tenu
lieu de mères jusqu'à ce jour. Un de ces hommes eut la mé-
chanceté de dire à une de nos maîtresses : — Retirez-vous,
Madame, votre présence ici les sensibilise trop.—Ils allaient
jusqu'à nous montrer le poing pour nous faire quitter nos
bonnes mères ; ils nous disaient :—Taisez-vous, tas de chiens !
ou nous vous enfermons chacune dans un appartement. —
Enfin, nos bonnes Sœurs furent obligées de nous quitter ;
nous rentrâmes toutes en pleurant. Ces femmes, qui les rem-
placèrent, nous disaient : — Nous serons bien bonnes, nous
remplacerons vos Sœurs. — Mais nous savions bien qu'elles
s'entendaient afin, à force de fausses caresses, de nous faire
oublier nos Sœurs. Elles nous firent ensuite descendre au
réfectoire, mais personne ne voulait manger ; les petites
même sentaient bien que ce n'était plus l'air maternel de
nos Sœurs ; aussi ces dames nous disaient : — Voyez-
vous, vous êtes les plus grandes ; au lieu de donner le bon
exemple, vous faites pleurer ces petites. — Nous sommes al-
lées ensuite dans notre cour, mais nous n'avions pas le cœur
à nous amuser ; nous pensions que c'était peut-être pour la
dernière fois que nous avions vu nos bonnes maîtresses,
que nous avions entendu leurs bons conseils ; à cette pensée
notre cœur se serrait, et nous disions à la Sainte Vierge de
ne pas nous abandonner.

Le soir, au lieu d'avoir notre bonne maîtresse pour
nous faire monter au dortoir, nous étions isolées dans
notre cour, sans savoir si l'on pensait à nous. Voyant
que l'on ne venait pas nous chercher, nous nous sommes

mises à genoux, et nous avons fait notre prière du soir,
car toujours nous faisions nos prières en cachette.
Nous avons bien prié pour nos Sœurs, afin qu'elles re-
vinssent bientôt au milieu de nous. A neuf heures du soir,
nous étions encore dans la cour; les petites pleuraient, car
les pauvres enfants n'étaient pas habituées à se coucher si
tard. Enfin, vers neuf heures un quart, on vint nous faire coucher. Nous étions avec une fille qui avait été comme nous
chez les Sœurs, mais qui, malheureusement, s'était laissé
entraîner par ces gens-là, et partageait leurs opinions. Tous
les soirs, au lieu d'avoir la visite de notre bonne maîtresse,
c'était un citoyen qui passait dans les dortoirs.

Le lendemain du départ de nos Sœurs, ces méchants hommes commencèrent par tout casser. Ils dévalisèrent la sacristie, se revêtirent des habits sacerdotaux, enfin firent des
horreurs dignes de Satan. Ils cassèrent les christs, les statues,
brûlèrent les livres de piété. Ils auraient encore voulu nous faire
entrer dans leurs idées. Une autre fois, un homme me dit :
« Eh ! dis donc, toi ! on dit que tu veux me convertir ? mais
sais-tu que tu auras bien de l'ouvrage avant d'en arriver là ?
car, vois-tu, nous, nous ne croyons pas à toutes ces bêtises,
nous ne sommes pas comme toi, tu es une bigote, tu crois qu'il
y a un Dieu, et tu ne l'a jamais vu ; regarde les anciens, ils
n'étaient pas si sots que toi ; ils adoraient le soleil, les lé-
gumes, mais au moins ils voyaient ces choses-là pour les
adorer ; mais toi, est-ce que tu as vu ton bon Dieu ? Si tu
veux que je croie en ton Dieu, il faut que tu me le mon-
tres. — Mais, monsieur, nous n'avons pas besoin de le
voir, puisque nous sommes tous les images de Dieu. —
Sais-tu que je ne veux pas être l'image de Dieu que je ne
connais pas ? j'aime bien mieux être l'image de ma mère. —
Comme cet homme était fort laid, je lui dis : Mais, puisque
c'est votre mère qui vous a fait, pourquoi ne vous a-t-elle

pas fait plus beau garçon que vous n'êtes ? — A cette question cet homme changea de conversation.

Le dimanche qui suivit le départ de nos Sœurs, on prépara notre chapelle pour une réunion de francs-maçons, qui devait avoir lieu à deux heures de l'après-midi. Quand nous passions devant cette chapelle, où nous avions fait notre première communion, où nous avions si souvent reçu Notre-Seigneur, où il nous avait bénies tant de fois, notre cœur se gonflait et nos larmes coulaient malgré nous. Malgré le poste, nous nous échappions comme nous pouvions pour aller à la Messe le dimanche ; nous passions par-dessus les murs.

Au bout de trois ou quatre jours, on nous donna des citoyennes pour nous faire la classe, mais quelle classe ! Elles nous faisaient balbutier quelques mots d'anglais, alors que nous ne savions pas même le français. A onze heures, nous sortions pour aller au réfectoire. Les premiers jours nous avions une drôle de cuisinière : au lieu de saler la soupe, elle renversait son tabac à priser dedans. Nous allions ensuite jouer jusqu'à deux heures de l'après-midi, puis nous montions à l'ouvroir jusqu'à quatre heures. Elles nous apprenaient à faire des ouvrages de fantaisie, au lieu de raccommoder nos ffaires, comme nous avions l'habitude de le faire, nous disant que nous avions du monde à notre service. A quatre heures, nous descendions au jardin jusqu'à six heures, ensuite nous allions au réfectoire, et nous nous couchions tous les jours à huit heures. Quelle existence ! Nous ne savions où donner de la tête. Au lieu de cette vie tranquille que nous menions sous l'œil vigilant de notre bonne maîtresse, c'était une vie de galère. On aurait dit que nous étions déjà dans le vestibule de l'enfer, tant nous entendions de jurements de toutes sortes. Ils se battaient pour casser les christs et les statues ; la colère leur montait au visage, lorsque nous prononcions le nom du bon Dieu. Une citoyenne nous dit un jour, que le bon Dieu n'avait jamais existé, que les

Sœurs nous faisaient croire tout cela pour que nous entrions en communauté comme elles. — Qui donc a fait ce que nous voyons, si ce n'est le bon Dieu? — Mais c'est la nature, nous répondait-elle. — Et qui donc a fait la nature?— Elle nous dit : — C'est personne, elle a toujours existé; ces nuages que vous voyez au-dessus de vos têtes, ce n'est rien, c'est votre imagination qui vous les représente. — Une autre fois, un homme dit à une d'entre nous. — Vous êtes bien mieux nourries, maintenant que ce n'est plus les Sœurs. — Nous avons peut-être quelque chose de plus pour le corps, mais nous n'avons rien pour l'âme. — Ah! ce n'est pas nécessaire; je voudrais bien te voir prier le bon Dieu pendant quatre jours, tu verrais bien si cela te donnerait à manger. — Enfin, continuellement, c'étaient de ces sortes de discussions, au milieu desquelles il fallait se tenir ferme.

Un jour, nous voyons venir les citoyennes tout éplorées; elles nous disent que les Versaillais sont entrés. A partir de ce jour, nous entendions le canon à tout moment. Comme nous étions en danger dans notre maison, nos nouveaux maîtres nous firent partir dans un pensionnat de la rue Saint-Blaise, qui était dirigé par les Sœurs de la Providence. Les bombes arrivant jusqu'à nous, ils nous dirent qu'il fallait se retirer hors Paris. Arrivés à la porte de Romainville, les hommes qui étaient avec nous ne purent passer, ils furent arrêtés. Il n'y eut que les citoyennes et un vieux monsieur qui passèrent la barrière. Depuis ce temps nous n'avons pas revu ces hommes.

J'ai oublié de dire que, le dimanche qui suivit ce départ de nos Sœurs, nous reçûmes une visite qui nous fit bien plaisir : Madame Thibault, dont nous venons de pleurer la perte, vint nous voir avec monsieur Thibault. Elle nous promit de faire tout ce qui dépendrait d'elle pour nous faire sortir, car cette dame voulait au moins placer les plus grandes. Elle fit tout ce qu'elle put, et revint trois ou quatre fois;

mais comme, chaque fois qu'elle s'en allait, c'étaient de nouveaux cris (nous ne voulions pas la laisser partir), on la mit à la porte.

Arrivées à Romainville, nous fûmes obligées de coucher trois nuits dans les caves d'un entrepôt de vin. Après cela, on nous mena dans une école communale à Montreuil; nous y sommes restées quatre jours. Alors, les portes de Paris étant ouvertes, on nous fit revenir à Ménilmontant, où nous trouvâmes notre maison occupée par les artilleurs. Nous sommes restées quatre jours encore avec les citoyennes, attendant avec impatience le retour de nos bonnes Sœurs. Enfin, elles revinrent au milieu de nous, et, maintenant, nous n'avons qu'à remercier la divine Providence de nous avoir délivrées d'un si grand danger. Nous devons cette protection si visible aux prières et aux vœux ardents que nos bonnes Mères ne cessèrent d'adresser au Ciel pour nous. Que le Divin Maître en soit loué et béni à jamais! — *Amen.*

BLANCHE LÉCUYER,

Agée de treize ans et demi.

Paris. — Imprimerie Adolphe Lainé, rue des Saints-Pères, 19